HISTOIRE
DE LA VIE
DE SAINT VIGILE
EVESQUE D'AUXERRE.

SAINT Vigile que l'Eglise d'Auxerre compte pour le 21. ou 22. entre ses premiers Evêques étoit originaire du Pays Auxerrois, à ce qui paroît par son testament. Sa famille étoit noble, & suivant les Historiens Auxerrois du IX. siécle, mais elle reçût un nouveau lustre par la sainteté qui éclata en la personne de ce Prélat.

Il y avoit quelques jours que le Siége d'Auxerre vaquoit par la mort de S. Pallade arrivée le 10. Avril, lorsque S. Vigile fut choisi pour lui succeder. On est obligé de fixer le commencement de son Episcopat à l'année 658. ou à la suivante, s'il est sûr que les vingt-cinq ans qu'il a été Evêque ayent été terminez à l'an 683. ou 684. Il imita les pieux desseins de ses deux prédécesseurs immédiats S. Didier & S. Pallade, en faisant comme eux élever de nouveaux Temples à la gloire du Seigneur. Il ne restoit presque plus dans les dehors d'Auxerre que la partie occidentale où il n'y

-----

) Labb. T. 1. Bibl. ms. pag. 427.

eut point d'Eglise : S. Vigile y en fit bâtir une en l'honneur de la Sainte Vierge ; il l'acompagna d'une Communauté où il mit des Moines (a) & la fit entourer du murs : & comme il n'étoit pas moins atentif aux befoins du corps qu'à ceux de l'ame, il eut foin de faire conftruire proche ce Monaftere un Hôpital pour les Pauvres. Les faints Evêques de fon fiécle ne manquoient gueres à fonger à ces fortes d'établiffemens lorfqu'ils élevoient des Temples au vrai Dieu, & ils étoient fort foigneux d'y laiffer des fonds confiderables pour l'entretien des membres de J. C. C'eft ce que S. Vigile fit à l'égard du fien. Il avoit fait quantité d'aquifitions & d'échanges de biens pour en avoir fufifament & des meilleurs, à deffein de les employer à doter cet Hôpital. Les Auteurs qui ont recueilli il y a environ neuf cens ans l'abregé de fes actions, renvoyent là deffus à fon teftament qu'ils avoient entre leurs mains. Cette piéce dont une copie ancienne eft reftée jufqu'à nos jours (b) ne nous aprend pas feulemennt les grands biens que ce Saint avoit aquis; mais auffi la generofité avec laquelle il s'en deffaifit d'une bonne partie dés fon vivant. Cet acte fera raporté ci aprés tout au long.

Ce faint Prélat ne négligea point non plus de fournir aux autres Evêques du Royaume dequoi foutenir

(a) Quelques uns conjecturent que la regle qu'on apelle la Regle du Maître eft de ce Saint , & la raifon qu'ils en aportent eft qu'elle a été faite en France fous le regne de Clovis II. ou environ, par un nommé Vigile Diacre & Abé : toutes ces circonftances qui peuvent s'acommoder avec le tems qui a précédé le Pontificat de S. Vigile. V. Tritheme : & Menard *in Conc. Regul.*

(b) On ne retrouve plus cette copie à Nôtre-Dame la Dehors depuis fept ou huit ans : mais il a été donné au Public par le P. Mabillon à la fin du premier tome des Annales Benedictines.

les nouveaux établiſſemens de piété qui ſe faiſoient dans leurs Dioceſes. On en a un exemple à l'égard de S. Diauſin Evêque de Soiſſons. Ebroin venoit de fonder proche ſa Ville Epiſcopale un fameux Monaſtere de filles : l'Evêque voyant qu'il étoit à propos de favoriſer de quelques privileges d'immunité cette nouvelle Maiſon de Religieuſes, en dreſſa un acte qu'il fit ſigner, non ſeulement par les Evêques de ſa Province, mais encore par pluſieurs autres Prélats de France; (a) entre les vingt ſouſcriptions qu'on y trouve, celle de S. Vigile eſt la neuviéme, & eſt conçûë en ces ,, termes : Moi Vigile, pécheur, ai conſenti à ce pri- ,, vilege, & y ai ſouſcrit. Les Sçavans raportent cette ſignature à l'an 666. qui étoit la dixiéme ou dou-ziéme année du regne de Clotaire III.

Le ſeptiéme ſiécle ayant été peu fécond en écri-vains, c'eſt ce qui eſt cauſe que la plus grande par-tie des actions de nôtre Saint n'eſt point venuë juſ-qu'à nous. Ce qu'il y a ſeulement à ajoûter à ce qui vient d'être dit eſt, qu'il ſcella par l'effuſion de ſon ſang les veritez qu'il avoit ſi long-tems enſei-gnées aux peuples qui lui avoient été confiez.

Il y avoit plus de vingt-ans qu'il gouvernoit l'E-gliſe d'Auxerre lorſque la Mairie du Palais des Rois de France étant échuë l'an 681. aprés la mort d'E-broin à un nommé Waraton, il arriva un ſcandale énorme à la Cour. Waraton homme pieux, mais peu agiſſant, laiſſa ſon fils Gilimer conduire les affaires qui auroient dû le regarder. Ce fil qui ne ſon-geoit qu'à ſe produire ſelon que le dépeint le Continua-teur de Frédégaire, eut la hardieſſe de ſuplanter ſon pere

____

(a) Mabill. ſæc. II. Bened.

& pouſſa l'inhumanité juſqu'à le deſtituer au bout d'un an ou environ. S. Oüen Archevêque de Roüen lui remontra ſouvent la laideur de ſon action, mais inutilement. Gilimer enfin fut puni de Dieu par une mort imprévuë, & Waraton reprit ſa premiere autorité qu'il exerça encore durant une année. Ce fut certainement pendant ces differentes révolutions qui durerent juſqu'en 684. que la mort de S. Vigile arriva; mais on ne ſçait par ordre de qui elle fut procurée. Quoiqu'on crut à Auxerre au neuviéme ſiécle que c'étoit par le commandement de Waraton, il y a bien plus d'aparence que ce fut Gilimer ſon fils qui donna ordre d'aſſaſſiner le Saint, ou qui l'aſſaſſina lui-même. S. Vigile animé du même zele que S. Oüen avoit pû lui donner des avis ſur ſa conduite, ce qui l'auroit déterminé à ſe défaire de lui. Et comme Waraton étoit toûjours cenſé alors Maire du Palais, le peuple peu informé de la verité de ce qui ſe paſſoit à la Cour, a pû atribuer aiſément à Waraton cet atentat commis de ſon tems. Quoiqu'il en ſoit, ce ſaint Prélat fut arrêté dans la forêt de Villers-Coterêt proche Compiégne, apellée la Forêt Côte, & depuis la Forêt de Cuiſſe: & le poignard ayant été porté ſur ſa perſonne ſacrée, lui procura la gloire du martire; martire à la verité un peu different de celui des Saints des premiers ſiécles, mais qui peut cependant y être comparé, tant dans ſa fin que dans ſes effets; car outre que la cauſe de ce martire qui fut ſon zele pour la juſtice & l'équité, n'eſt point differente de celle qui fit empriſonner S. Jean-Baptiſte, il eſt certain que la ſuite fit voir que la mort du ſaint Evêque étoit précieuſe aux yeux du Seigneur. Les Auteurs Auxerrois du neuviéme ſiécle, mieux informez de ce qui s'étoit paſſé dans leur voiſinage que de ce qui s'étoit fait au delà de Paris, nous aprennent un fait digne d'atention. Comme on tranſportoit ſon corps à Auxerre, il falut paſſer par la Ville de Sens ; & lorſque le corps fut vis à vis des priſons, auſſi-tôt les liens des priſonniers furent rompus ; & cette troupe de miſerables ainſi délivrée, ſe mit à la ſuite du convoi, trainant avec elle les chaînes dont ils avoient été liez. Ces Auteurs ajoutent qu'on voyoit encore de leur tems ces mêmes chaines atachées à ſon tombeau en témoignage d'un ſi grand miracle.

Hiſtoire des Reliques de S. Vigile.

Quelques-uns (a) diſent que ſon corps arriva à Auxerre le 17. Juillet; mais ils n'en aportent point la preuve. Ce qui eſt certain, eſt qu'il fut inhumé dans la Baſilique de Sainte Marie qu'il avoit bâtie hors les murs, & que quelques ſiecles aprés ſon corps fut relevé du tombeau un 28. Novembre pour être renfermé dans une châſſe. Cette translation, ou plutôt cette élevation fut peut-être faite au dixième ſiécle, en même tems, ou à peu prés que celle de S. Pallade ſon prédéceſſeur & celle de S. Tetrie ſon ſecond ſucceſſeur dont Gui Evêque d'Auxerre tira les corps du tombeau l'an 945. pour les placer au deſſus du grand Autel de S. Euſebe. Il eſt du moins indubitable qu'elle eſt plus ancienne que le douziéme ſiécle, puiſqu'on la trouve marquée dans un martyrologe de la Cathedrale, écrit vers l'an 1007. & dans tous les Calendriers Auxerrois écrits depuis ſix cens ans.

Son corps avoit été ſans doute démembré alors,

(a) **D.** Georges Viole.

comme il arrive dans ces fortes d'élévations, & les cendres de fa chair avoient été mifes dans des linges féparez.

On croit que c'eft de cette derniere efpéce de reliques de ce Saint qu'on avoit mife, fuivant la coutume de certains fiécles, au haut du clocher de l'Eglife de N. D. quand il fut refait, depuis cette élévation, du moins lorfqu'il fut neceffaire de l'abatre (ce qui arriva vers le commencement du XV. Siécle) on y trouva dans le globe qui terminoit le clocher une boëte qui entre autres reliques en contenoit de Saint Vigile : & quand ce clocher eut été refait à neuf l'an 1405. l'Abé de Saint Marien y fit remettre au même endroit la même boëte remplie de ces Reliques, dont fut dreffé procés verbal le 5. Mai, à la tête de la chronique manufcrite de Saint Marien, par Robiqueaul Notaire, où il fe lit encore. Mais un malheur de l'an 1627. ayant permis que ce clocher foit tombé, les reliques qui y étoient ont été difperfées. La Cathedrale d'Auxerre avoit auffi avant fa fpoliation un petit Reliquaire où il y avoit d'une côte de S. Vigile, fuivant un inventaire fait un peu auparavant la prife de la Ville ; & elle avoit peut-être cette relique depuis l'année de la Tranflation faite un 28. Novembre, du moins elle eft énoncée clairement dans un Catalogue des Reliques de cette Eglife, écrit vers l'an 1400. en ces termes : *Vnam de coftis S. Vigilii Martiris, Epifcopi Autif.*

Un accord fait en l'an 1472. entre le Curé & les Paroiffiens de N. D. la Dehors (a) nous aprend que durant le quinziéme fiécle les Paroiffiens avoient une fi grande confiance dans les Reliques de S. Vigile,

(a) Tabul. S. Mariani.

qu'ils en defcendoient la châffe le plus fouvent qu'ils pouvoient pour la porter en proceffion : mais on convint alors de rendre cette ceremonie plus rare, parce qu'on s'étoit aperçû qu'elle degeneroit depuis qu'elle étoit devenuë fi commune : elle fut portée à la requête des Gouverneurs de la Ville dans une proceffion generale qu'on fit pendant l'Eté de l'an 1475. au fujet de la pefte qui étoit à Auxerre.

La châffe de S Vigile fe trouve auffi dans le nombre de celles de la Ville qui furent portées en 1554. dans la Proceffion generale qui fe fit à Auxerre le 21. Mai pour obtenir de la pluie. Mais treize ans après elle fut indignement profanée par les Huguenots. Ces impies étant entrez dans l'Eglife de N. D. où elle étoit élevée au deffus du grand Autel, ils l'enleverent de cet endroit, la briférent, en ôtérent les offemens qu'ils jetterent par terre, & emporterent ce qu'il y pouvoit avoir d'or & d'argent. Dieu permit (a) cependant que quelque perfonnes de pieté animées d'une fainte hardieffe ramafférent une partie de ces faintes reliques qu'elles rendirent en fuite aux Religieux de la maifon, & en 1588. le 10. Juillet Jacques Amyot Evêque d'Auxerre les renferma folemnellement dans une châffe nouvelle qui n'étoit que de bois. Ce font ces mêmes reliques que cette Eglife conferve dans une autre châffe de bois doré faite par les foins d'un Prieur dans laquelle on les transfera le 26. de Mai de l'an 1688. veille de l'Afcenfion. Cette châffe a toûjours refté depuis expofée derriere le grand Autel à la place de l'ancienne. Il y avoit auffi autrefois dans cette Eglife un couteau qu'on apelloit le couteau de S. Vigile, dont l'atouchement guériffoit les malades. Ce

____

(a) Procès verbal de J. Amyot.

pouvoit être celui-là même dont s'étoit servi le mal-
heureux qui avoit ôté la vie au Saint Prélat, & qui
ayant été trouvé auprés du corps auroit été raporté à
Auxerre pour y être confervé avec jufte raifon comme une relique Les chaines même des prifonniers
qui avoient fuivi fon corps depuis Sens ne furent pas
moins privilegiées : & comme elles étoient fufpen-
duës à fon tombeau, elles participerent à la vertu qui
y étoit atachée & procurérent plufieurs guerifons
miraculeufes : mais on ne fçait plus ce que ces chaines font devenuës depuis les troubles du feiziéme fiécle.

Son tombeau étoit refté dans le chœur de l'Eglife
jufqu'au delà du milieu du dernier fiécle ; c'étoit une
efpece de maufolée de pierre élevé à l'endroit où le
cercueil du Saint étoit enterré. Ce maufolée qui étoit
de la longueur du fepulchre fur environ trois pieds de
largeur & autant de hauteur, avoit des ouvertures
par lefquelles on faifoit paffer les malades, qui fouvent
y recevoient la guerifon, & même entre les années 1640.
& 1650. le Capitaine des Bourgeois de la Paroiffe de
Saint Renobert nommé Pierre d'Eppoigni qui étoit
devenu aveugle y recouvra la vûë, & vêcut depuis ce
temps-là jufqu'au 23. Juillet 1651. auquel jour il fut
inhumé dans l'Eglife où étoit arrivé ce miracle. En
1667 comme on voulut aplanir le chœur & le paver de
grands carreaux blancs & de quelques tombes Abatia-
les aportées des débris de Saint Marien, on crût bien
faire de démolir cet ancien monument, & de fe con-
tenter de graver fur un carreau, à la place où il avoit
été, les paroles fuivantes: Icy eft le Tombeau de Saint
Vigile. En 1688. ou 1689. on prit le deffein de paver
le chœur & le Sanctuaire de cette Eglife de carreaux
blancs & noirs comme on les voit aujourd'hui. Cette oc-
cafion fit fonger à rétablir la memoire du tombeau de S.

Vigile pour fatisfaire la devotion des peuples: on creufa donc deux ou trois pieds, & on le trouva ayant fon couvercle un peu feparé. Quelques-uns affurent qu'ils y remarquerent la figure d'une croffe ancienne gravée parmi plufieurs raies figurées dans la pierre. D'autres, comme Dom George Viole Benedictin qui l'avoit vûë en 1667, difent qu'ils aperçurent la figure d'une pertuifane traverfée d'une croix. Le Curé de la Paroiffe qui avoit du goût & du refpect pour l'antiquité fongea alors à le faire tranfporter derriere le grand Autel, & même à l'imitation de plufieurs Eglifes, de faire élever deffus ce Sepulchre cet Autel qu'on vouloit rendre ifolé comme il avoit été anciennement. Mais l'Evêque avec qui il en confera fut detourné d'accorder la permiffion de cette translation par quelques perfonnes peu verfées dans la Science liturgique ; & le fepulchre fut laiffé au même endroit où on l'avoit enfoüi l'an 1667. en forte que les pieds de ce monument font directement fous les degrez du Sanctuaire vis-à-vis le milieu de l'Autel : Et comme il n'y a plus d'infcription en cet endroit, c'eft pour cela qu'on a cru qu'il falloit s'étendre ici un peu plus à détailler ces circonftances qu'on a aprifes de perfonnes encore pleines de vie. (a)

Hiftoire de la Fête de Saint Vigile.

SI le nom de Saint Vigile n'eft pas dans les Martyrologes connu du neuviéme fiécle tels que font ceux d'Adon & d'Ufuard, c'eft fans doute à caufe qu'étant mort à la fin du feptiéme fiécle fon corps n'avoit point encore été relevé de terre ;

____

(a) Le P. Chanci Prémontré, âgé de 85. ans.

car alors il n'y avoit gueres que cette cérémonie qui portât avec elle une canonization en forme. Mais dés qu'elle eut été faite, son nom fut écrit dans les Martyrologes posterieurs, non seulement au onziéme Mars, qui est le jour auquel les historiens du neuvieme siécle marquent sa mort, mais encore au 28. Novembre qui est celui auquel l'élévation ou translation de son corps avoir été faite. On lit même dans la vie de Gui Evêque d'Auxerre (a) mort en 961. qu'ayant bâti dans la Cathédrale une chapelle en l'honneur des Saints qui étoient peu honorez, tant dans la ville que dehors, il comprit Saint Vigile dans ce nombre, avec dix-neuf autres Saints tiés fameux, de tous païs. Ce qui prouve, ou que c'étoit lui qui en avoit fait la canonization, ou du moins qu'elle avoit été faite peu de tems avant son Episcopat. De plus il atacha un certain revenu à percevoir sur une vigne, à ceux des Chanoines qui célebreroient dans l'année des vigiles & une messe en son honneur. La premiere des fêtes de Saint Vigile, quoique célébrée pendant le Carême, a toûjours été à neuf leçons dans le Diocese: la seconde n'a été qu'à trois leçons, & les deux Fêtes sont restées sur ce pied là, en atendant que des deux ensemble on n'en fasse qu'une, qui sera celle du mois de Novembre, à laquelle il convient mieux de remettre tout ce qu'il y a à dire à la louange du Saint, n'y arrivant jamais de jeûne ce jour là de pareille rigueur dont est celui du Carême.

(a) Labb. suprà p. 445.

Histoire de l'Eglise & de l'Hopital de S. Vigile.

L'Eglise où Saint Vigile fut inhumé étoit bâtie, comme on a déja vû, sur son propre fond : (a) ce Saint y avoit mis des Moines ; mais ces Moines ne garderent pas long-tems la régle qu'il leur avoit donnée ; & depuis le milieu du huitiéme siécle la conduite de cette Abbaye ayant été ôtée aux Evêques d'Auxerre , l'institut monastique commença à dégenerer. Elle ne fut renduë (b) que deux cens ans aprés à l'Evêque Gui, qui l'ayant obtenuë par le moyen de Hugues (le grand) Duc de France , en fit confirmer la restitution par le Roi Loüis d'Outremer. Mais elle ne tarda guéres à passer pour la seconde fois en des mains étrangeres , puisque dans le siécle suivant Aganon Evêque d'Autun la possedoit, & qu'il fallut que l'Evêque d'Auxerre (c) Geoffroi de Champaleman l'obtint de nouveau , aussi bien que celle de Saint Amatre, parce qu'Aganon les tenoit toutes deux de son pere. L'Evêque Robert voulant faire vers la fin de l'onziéme siécle quelque satisfaction aux Chanoines de la Cathédrale , dont il avoit laissé endommager une des terres que l'un de ses prédecesseurs avoit donnée, (d) leur donna l'Abaye de Notre-Dame, suivant Fradon historien de sa vie. Ainsi il faut convenir qu'il y eut dés lors des Chanoines en cette Eglise, qui avec les Evêques joüissoient du revenu qui pouvoit être resté. (e) Mais vers l'an 1140. les Chanoines réguliers de Prémontré leur succederent. L'Evêque Hugues de Mâcon les avoit introduit dans le monastere de Saint Marien rebâti par Ithier Clerc de sa

(a) Labb. suprà p. 427.   (b) Labb. p. 446.   (c) Ibid. p. 453.
(d) Ibid. p. 455.   (e) Ibid p. 465.

Cathédrale. Ils y demeurerent trois ou quatre ans (a)
fort à l'étroit, & enfin l'Evêque prit la résolution
de leur donner l'Eglise de N. D. hors les murs avec
ses dépendances. Pour y parvenir il fit proposer aux
Chanoines seculiers de cette Eglise ou de conformer
leur vie à celle de ces nouveaux Chanoines, ou de
se retirer : quelques uns prirent ce dernier parti , &
d'autres suivirent le premier. Un d'entre eux avoit
sa maison canoniale du côté septentrional de l'Eglise,
tandis que les autres maisons & ce qui pouvoit rester
de l'ancien cloitre étoit du côté méridional. Les
Chanoines de Prémontré trouvant qu'il leur conve-
noit mieux de demeurer au Septentrion de l'E-
glise que non pas au midi , qui est le côté de la ville
d'où ils étoient souvent incommodez par les séculiers ,
priérent ce Chanoine de changer ou de vendre sa maison. Il ne voulut point entendre raison là dessus ; mais
étant tombé malade il mourut la semaine suivante, &
les Chanoines de Prémontré ne trouvant plus d'obsta-
cle, établirent leur communauté au Septentrion de
l'Eglise où elle est restée depuis. Ils quiterent cependant cette seconde demeure en 1169. pour venir ha-
biter le nouveau Monastere de Saint Marien rebâti
au lieu où avoit été auparavant l'Eglise de Saint
Martin, & ne laisserent à Notre-Dame qu'un certain
nombre de Religieux pour desservir la Paroisse qui fut
établie vers ce tems là, ou dans le siécle suivant, pour
les habitans du nouveau bourg ; & la communauté
de S. Marien ne s'en servit dans la suite que pour s'y
retirer dans le temps des guerres, comme il arriva
durant celles des Anglois en 1358. & celles des deux
siécles suivans. Enfin l'Abaye de Saint Marien ayant

(a) Chron. S. Matiani fol. 79. 80. & seq.

été entiérement détruite en 1570. par déliberation des habitans d'Auxerre ; les Religieux de cette maison se retirerent pour toûjours à Nôtre-Dame où ils sont encore à préfent.

Il y a aparence que cette même Eglife en tant que Prieuré avoit autrefois choifi pour fa principale Fête celle de la Nativité de la Sainte Vierge : car la Cathédrale foigneufe à aller celebrer à l'exemple de l'Eglife de Rome les vigiles & la meffe dans toutes les anciennes communautez des environs de la ville, y alloit autrefois ce jour là : & ce n'eft que depuis l'an 1460. que la proceffion a été remife au Samedi & Dimanche dans l'octave, en quoi l'on conferve toûjours un veftige de cette ancienne coutume. On peut auffi remarquer ici en paffant que tant que les Samedis de la femaine de Paques & de celle de la Pentecôte ont été diftinguez dans la Cathédrale par une proceffion ainfi que tous les autres jours des mêmes femaines, l'Eglife de Nôtre-Dame a été choifie pour la ftation des proceffions de ces deux Samedis : cela (a) s'obfervoit encore exactement au treiziéme fiécle : mais depuis que les trois derniers jours de ces femaines ont perdu quelques degrez de leur folemnité, on a ceffé d'y faire des proceffions, & les trois Eglifes où l'on alloit ces trois derniers jours ont commencé à fervir de ftation pour le Lundi, Mardi & Mecredi de la Pentecôte ; c'eft pour cela que depuis deux cens ans au moins, la Cathédrale va dans cette Eglife en proceffion le Mecredi de la Pentecôte.

Quoiqu'on ne life nulle part quand l'Eglife bâtie par Saint Vigile ceffa d'exifter, il y a cependant quelque efpece de preuves qu'elle ne paffa point le fep-

(a) Obituar. Cathedr.

tiême siécle parce que c'est de la seconde Eglise qu'il faut entendre l'une ou l'autre des deux dédicaces de Nôtre-Dame d'Auxerre qui sont marquées au 18. Janvier & au 26. Avril dans le martyrologe de la Cathédrale écrit vers l'an 1007. Cependant suivant un nécrologe de l'Eglise de Nôtre-Dame la Dehors de l'an 1425. la fête de la dédicace y étoit celebrée alors le 7. Novembre : & il faloit que cette Dedicace fût déja assez ancienne puisqu'en 1477. cette Eglise menaçoit une ruine si prochaine, qu'Enguerrand Sugnard Evêque d'Auxerre crut devoir accorder quarante jours d'indulgences à tous (a) ceux qui la visitant avec les conditions requises, donneroient dequoi aider à la rebâtir. Il en signa l'acte dans cette même Eglise le 14. Mai. L'édifice qui fut élevé ou reparé de ces charitez ne fut pas fort magnifique, mais cent ans aprés, c'est-à-dire sur la fin du XVI. siécle on abbatit le chœur pour le refaire. Dans tous ces changemens l'ancien clocher qui étoit situé au milieu de l'aile méridionale fut conservé soigneusement. C'étoit une flêche de pierre travaillée avec toute la delicatesse imaginable, percée à jour presque d'un bout à l'autre, & qui faisoit tout l'ornement exterieur de cette Eglise. Mais un changement peu necessaire qu'on voulut faire à l'un des piliers de l'Eglise qui le soutenoit, ayant excédé les bornes de la prudence le clocher tomba tout à coup le 22. Septembre 1627. vers les cinq ou six heures du soir, abbatit de sa chute le jubé de l'Eglise & une partie de la nef. Depuis ce temps-là on a achevé de démolir le reste de cette ancienne nef, & on en a bâti une autre aussi élevée & aussi éclairée qu'étoit le chœur : & ces deux morceaux

(a) En autographo.

joints enfemble, compofent aujourd'hui une Eglife des
plus fpacieufes & des plus éclairées de la Province.

Pour ce qui eft de l'hôpital donc Saint Vigile ac-
compagna fon monaftere il étoit fitué un peu plus à
l'occident de la cité ; c'eft-à-dire entre ce monaftere &
celui de Saint Eufebe ; on n'en fçait autre chofe, finon
qu'au XV. fiécle on commença à l'apeller l'Hôpital de
Saint Souvain, du nom d'un Saint qui a été choifi pour
patron en plufieurs hopitaux du Berri. Quelques calen-
tiers des Miffels & Breviaires d'Auxerre du XVI.
fiécle ont marqué fon nom au 22. Septembre, fans qu'on
n'fit l'office. Le Nécrologe de N. D. la Dehors du XV.
fiécle porte au 22. Septembre le nom du même Saint,
ajoûtant qu'il y avoit des indulgences confiderables ac-
ordées en ce jour pour ceux qui feroient de la Société
des freres de l'hôpital de Saint Vigile : ce qui fait con-
oitre que fi on l'apeloit le plus fouvent l'Hôpital de
S. Souvain ou Silvain, ce n'étoit qu'à caufe d'une con-
fairie érigée dans cet hôpital fous la protection de ce
Saint. On fçait encore que les Huguenots ayant détruit
en 1567. le dortoir de Saint Marien, quelques Religieux
fe virent obligez de coucher dans cet hôpital. La même année on parla de le réünir à l'Hôtel-Dieu d'Auxerre ; mais apparemment que cela n'eut pas lieu fi tôt,
puifqu'en 1573. l'Evêque Jacques Amyot ordonna
dans fa vifite d'y recevoir les pauvres pelerins. Cependant cette réünion ne tarda gueres à être faite ; car en
1533 une fœur de l'Hôtel-Dieu d'Auxerre fe fouvenoit
fort bien qu'étant encore jeune, elle avoir porté de
l'Hôtel-Dieu dans l'Hôpital de Saint Souvain
des matelats & oreillers pour fervir à coucher
les pauvres femmes malades. Mais depuis l'etablif-
ment des Urfulines dans Auxerre, & de leurs Eco-
les, dans l'endroit où étoit cet hopital, il n'a plus

été parlé de la Maison-Dieu Saint Vigile, ni de l'Hôpital Saint-Souvain. C'est ainsi que les nouveaux établissemens font perdre la memoire des anciens.